Christoph Quarch

# Neustart.

## 15 Lehren aus der
## Corona-Krise

legenda Q

Christoph Quarch

# Neustart.
## 15 Lehren aus der Corona-Krise

legenda Q

# Inhalt

Vorbemerkung ........................................................ 7

1. Die Natur lässt sich nicht beherrschen ......... 11
2. Wir müssen die Wildnis respektieren ............. 14
3. Verzichten ist möglich –
   und zuweilen unerlässlich.................................. 17
4. Egoismus ist out, Miteinander ist in................ 20
5. Alleinsein ist gut, Gemeinschaft ist besser..... 23
6. Digital ist großartig,
   ersetzt aber nicht analog ................................. 27
7. Der Markt versagt in Krisenzeiten ................... 31
8. Ein neues ökonomisches Paradigma ............... 34
9. Mehr Land, weniger Stadt................................. 39
10. Es braucht politische Führung ......................... 42
11. Grenzen sind nicht schön,
    aber unverzichtbar ........................................... 46
12. Der Multilateralismus ist alternativlos .......... 51
13. Es ist gut, auf die Wissenschaft zu hören ...... 54
14. Weisheit trägt weiter als Moralität ................. 57
15. Wir brauchen eine neue Religion ..................... 63


Zum Schluss ........................................................ 70

# Vorbemerkung

In seinem vor fünf Jahren erschienenen Weltbestseller *Homo Deus* stellte Yuval Noah Harari nicht ohne Stolz fest, das Thema »Epidemien« sei von der menschlichen Agenda verschwunden. Covid-19 alias Corona spottet dieser Diagnose: Heute, am 20. März 2020, beherrscht nicht nur eine Epidemie, sondern eine Pandemie die Nachrichtensendungen in allen Ländern. Ein unscheinbares Virus bringt zu Werke, was menschlichen Ambitionen nicht gelungen ist: eine drastische Reduktion der $CO_2$-Emissionen, einen Einbruch des Flugverkehrs, Konsumverzicht. Derweil taumelt die Weltwirtschaft, Industrien brechen ein, Millionen Menschen bangen um ihre wirtschaftliche Existenz. Politikerinnen und Politiker müssen erkennen, dass sie die Verantwortung für den Bestand einer Gesellschaft nicht länger dem Markt überlassen können. Und jede bzw. jeder einzelne muss gewahr werden, wie fragil nicht nur das für so unerschütterlich erachtete politisch-ökonomische System ist, sondern auch der eigene Leib.

Corona stellt alles in Frage, woran wir bislang so fest glaubten und was wir für selbstverständlich hielten. Darin liegt die Chance, die uns allen mit dieser Pandemie gegeben ist. Bei aller Tragik einzelner Schicksale, an denen es nichts zu beschönigen gibt, sollten wir uns diese Gelegenheit nicht nehmen lassen. Das Virus könnte unser aller Lehrer werden, denn es ruft mit leiser, aber eindringlicher Stimme eben das, was einst unsere Kultur hervorbrachte: »Erkenne dich selbst«! Dieses Wort aus dem antiken Delphi sagt, wofür die Zeit gekommen ist: eine geistige Quarantäne, um in uns zu gehen und zur Besinnung zu kommen. Wir müssen unsere Selbstverständlichkeiten und unser Selbstverständnis auf den Prüfstein bringen: unser Verhältnis zur Natur, unser Verhältnis zu anderen Menschen, unsere Ökonomie, unsere Politik, unsere privaten

Prioritäten. Für die Zukunft der Menschheit wird entscheidend sein, ob wir den Mut dazu aufbringen, uns dem Anspruch Coronas auszusetzen und verantwortungsvolle Antworten auf ihn zu geben: Antworten, die die Welt verändern müssen. Die Richtung, die es dabei einzuschlagen gilt, nennt ein anderes Wort aus dem antiken Delphi: »Das Beste ist das Maß.«

# 1.

# Die Natur lässt sich nicht beherrschen

Im Jahr 1637 schrieb der Philosoph René Descartes, der Mensch sei »Herr und Meister der Natur«. Jedenfalls sei dies seine Bestimmung. Das war der Startschuss zu einer beispiellosen Nutzbarmachung, Beherrschung und Zerstörung der Natur. Seither glaubt der Mensch der Neuzeit, sich die Welt mit Wissenschaft und Technik dienstbar machen zu können. Diesem Glauben verdanken sich nicht nur Wohlstand und Komfort der Gegenwart, sondern auch die von den IT-Giganten des Silicon Valley verheißene Erlösung des Menschen von der Natur durch seine Umwandlung in Daten und in Algorithmen. Wir standen so kurz vor dem Ziel ... – und nun das!

Oder etwa nicht? Zweifel sind erlaubt. Descartes glaubte, die lebendige Welt sei nichts anderes als eine große Maschine, die der Mensch gebrauchen könne. Heute glauben wir, sie sei ein einziger Datenbestand, den wir mit Hilfe unserer Maschinen berechnen und perfektionieren können. Corona aber lehrt uns, dass es ganz so leicht nicht geht: dass das Leben weder eine Maschine, noch ein Algorithmus ist, sondern ein fragiles Ereignis inmitten eines großen, wundersamen Schauspiels, das die Griechen *phýsis* nannten: Natur. Dieses Schauspiel folgt zwar ehernen Gesetzen, aber gleichwohl gibt es Raum für Anarchie und Improvisation. Unvorhersehbares ist im Spielgeschehen der Natur vorgesehen. Die Quantenphysik lehrt, dass alles stets auch anders sein könnte – und dass unsere sichtbare und scheinbar so verlässliche Welt schwankend auf einem Ozean von Möglichkeiten schwimmt.

Mikroorganismen können jederzeit mutieren. Mikroben, mit denen wir eben noch in friedlicher Koexistenz lebten, können schlagartig zur Gefahr werden. »Alles fließt«, wusste schon Heraklit – ohne dass er dabei ahnte, dass dieser Planet mitnichten das *Dominium terrae* eines gottgleichen Menschentums ist, sondern das Imperium unermesslich vieler Lebewesen, deren unsichtbares Miteinander allererst die Voraussetzungen schafft, unter denen Menschen leben können. Die Wahrheit ist: Wir sind nur Gäste in einer von uns unbeherrschbaren Natur, die augenblicklich ihre Muskeln spielen lässt. Uns das im Zeitalter des Klimawandels zu Bewusstsein zu bringen und es zu beherzigen ist die erste Lektion, die uns das Virus lehrt.

# 2.

# Wir müssen die Wildnis respektieren

Ob auch wahr ist, was man uns erzählt, wird wohl nie zu klären sein: dass Corona auf einem Markt in der chinesischen Stadt Wuhan von einem Wildtier auf den Menschen übertragen worden sei. Nehmen wir fürs Erste an, die offizielle Story sagt die Wahrheit. Dann hat sie das Zeug zu einem epochalen Mythos. Denn in ihr verdichtet sich das Drama unserer Zeit: der systematische und konsequente Übergriff des Menschen auf das nicht domestizierte, freie, wilde Leben – ein Angriff auf Millionen Tier- und Pflanzenarten, die wir ausgerottet haben, da wir sie auf dem Altar unserer grenzenlosen Gier geopfert haben. Eine Spezies aber scheint aus der Art geschlagen. Denn sie schlägt zurück: Covid-19.

Weniger als 13 Prozent der Erdoberfläche werden noch als »Wildnis« eingestuft. Alles andere hat der Mensch kolonialisiert. Dadurch ist er in Bereiche vorgedrungen, die zu betreten ihm nicht gut ansteht: dorthin, wo er mit Mikroben in Kontakt kommt, die aus ihrem angestammten Habitat entfernt zu Pandemien und tausendfachem Tod führen können. Ob Corona, Aids, Ebola, Sars, Pest oder Grippe. Alle großen Seuchen haben wir von Tieren übernommen, deren Lebensform und Lebensart wir konsequent missachteten. Dass ein Virus nun von einem Schuppentier auf einen Menschen übersprang und seither die Einrichtung der Welt gefährdet, scheint beinahe ein Menetekel für die Welt zu sein – ähnlich wie der Eisberg-Crash der Titanic zu Beginn des 20. Jahrhunderts: ein Weckruf, Schluss zu machen mit den fortwährenden

Übergriffen gegen die Natur, der dauernden Vergewaltigung ihrer jungfräulichen Wildnis. So wie gefrorenes Wasser ein Schiff auf den Grund des Ozeans zu schicken vermag, können auch Mikroben noch so stolze Riesenorganismen wie den Menschen ums Leben bringen. Die Wildnis war schon immer unerbittlich. Vielleicht ist dies ihre letzte Warnung.

# 3.

## Verzichten ist möglich – und zuweilen unerlässlich.

Als vor nicht langer Zeit die Fridays-for-Future-Bewegung Fahrt aufnahm, wandte sich der öffentliche Diskurs für eine kurze Zeit der Frage zu, ob Konsumverzicht oder staatliche Verbote probate Mittel sein können, um den Herausforderungen des Klimawandels zu begegnen. Wer für solches votierte, musste schnell erkennen, welch außerordentliche Widerstände Worte wie »Verzicht« oder »Verbot« in weiten Kreisen seiner Zeitgenossen auslösten. Vor allem orthodoxe Anhänger der Doktrin des Wirtschaftsliberalismus taten sich in dieser Debatte mit markigen Worten hervor. Christian Lindner etwa, Chef der Freien Demokraten (FDP), sagte: »Ich will nicht verzichten, und ich will auch nicht, dass andere verzichten müssen.« Heute, in Zeiten der Pandemie und des Shutdown, klingt dieses Zitat wie die Reaktion eines bockigen Zwölfjährigen, der nicht verstanden hat, welche Zeit geschlagen hat. Es klingt nicht nur so: Es ist genau dies.

Eben das ist die Lektion, die wir nun lernen müssen: In Krisenzeiten ist Verzichten eine Option. Und je eher man damit beginnt, desto besser. Was Corona betrifft, so haben wir in Deutschland vermutlich drei oder vier Wochen zu lange gewartet, hätten viel früher Grenzen schließen und Ski-Urlaube unterbinden müssen. Die Folgekosten wären weit geringer ausgefallen als all das, was später kam. Was den Klimawandel angeht, so haben wir vermutlich drei oder vier Dekaden zu lange gezaudert. Den Preis, den wir eines Tages dafür werden zahlen müssen, möchte sich niemand ausmalen. Heute müssen wir uns fragen: Wollen wir länger vernagelt und verzweifelt rufen »Ich will aber nicht verzichten!« und »Ich will Bewegungsfreiheit!«? Nein, wir können uns dies nicht mehr leisten. Wir müssen einsehen, dass die Zeit vorbei ist, in der wir ungestraft so tun konnten, als sei unser eigener Wille das Maß aller aller Dinge – und nicht das faktische Sein dieser Welt, die verantwortliches Handeln von uns verlangt und nicht ein bockiges Trotzgehabe.

Corona lehrt aber nicht nur, dass Verzicht zuweilen unausweichlich ist. Es lehrt vor allem, dass es möglich ist, Verzicht zu leisten. Ja, dass es viel leichter fällt, als wir alle dachten. Gewiss gibt es auch jetzt noch einige Vernagelte, die sich ob des erzwungenen Verzichts in Selbstmitleid ergehen. Aber die Mehrheit der Menschen scheint sogar in Deutschland zu erkennen, dass Verzichten sie nicht umbringt – dass Verzichten sie vielmehr bereichern kann: mit dem kostbarsten aller Schätze: Zeit.

# 4.

# Egoismus ist out, Miteinander ist in

Noch hallen die Heilsbotschaften im Raum nach: »Du hast es in der Hand!«, »Du bist deines Glückes Schmied!«, »Du kannst mit deinem Willen die Wirklichkeit kreieren!« – so pfiffen es die Spatzen von den Dächern. Nein, nicht die Spatzen, sondern die Spatzenhirne mancher Pseudo-Coaches oder Küchenpsychologen, die uns weiszumachen liebten, jede und jeder hätte die volle Verfügungsmacht über das, was sie oder er »mein Leben« nennt. Die Wahrheit aber sieht ganz anders aus. Die

Lektion, die uns Corona lehrt, macht ein für alle Male deutlich: Niemand ist der Herr und Meister seines eigenen Lebens. Alle sind wir unauflöslich eingebunden in ein umfassendes Netz des natürlichen und des sozialen Lebens, das wir weder mit unserem Narzissmus ignorieren noch mit unserem Egoismus dominieren können.

Die Einsicht, die Corona lehrt, zwingt uns dazu, systemisch denken zu lernen. Wir sind, was wir sind, durch die systemischen Verbindungen, in denen wir zu anderen stehen: zu anderen Menschen, aber auch zu allen anderen Wesen der belebten Welt. Unser ganzes Sein, unsere Identität, ist das Produkt unserer Beziehungen – und gerade nicht ein erratisches Ich, das sich Kraft seines Willens und Kraft seiner Macht die Welt nach seinem Bild bauen könnte. Covid-19 lacht ob solcher Hybris.

Lebenskunst kann länger nicht Selbstoptimierung oder Steigerung der eigenen Macht bedeuten – sondern lediglich die Kunst der systemischen Interaktion und Kooperation. Natürlich liegt es auch an jedem einzelnen, was er aus seinem Leben macht; aber nicht als mächtiger Potentat, sondern als achtsamer Partner einer kontinuierlichen Konversation mit anderen: mit anderen Menschen ebenso wie dem Sein im Ganzen. Nur wenn wir uns aus unserem Eingebundensein ins Große und Ganze der Welt heraus verstehen und unsere Verantwortung darin erkennen, auf das zu hören, was andere uns zu sagen haben – und nur wenn wir stimmige Antworten darauf zu geben vermögen, werden wir den Herausforderungen, vor denen wir stehen, begegnen können: gleichviel, ob es sich dabei um eine Pandemie, den Klimawandel oder die zu erwartenden ökonomischen und sozialen Turbulenzen handelt.

Die Gebote dieser Stunde lauten: Interaktion, Solidarität, Miteinander. Auch wenn wir gut beraten sind, physisch voneinander Abstand zu halten, müssen wir nun unser Mindset auf Verbundenheit und auf Gemeinschaft umpolen. Das Zeitalter des Egoismus ist vorbei. Das Zeitalter der Solidarität muss nun beginnen.

# 5.

# Alleinsein ist gut, Gemeinschaft ist besser

Bundeskanzlerin Angela Merkel hat die Menschen in Deutschland aufgefordert, soziale Kontakte auf ein Minimum zu reduzieren. Nur so könne eine exponentielle Ausbreitung des Coronavirus gestoppt werden. Was sie genau damit meinte, sei dahingestellt. Nicht gemeint haben sollte sie jedenfalls, dass wir nun alle gut daran täten, uns in eine *splendid isolation* zu flüchten und alle Brücken zu unseren

Mitmenschen abzubrechen. Aber sie dürfte doch wohl eher an leiblich-physische Kontakte gedacht haben und nicht an geistig-emotionale Verbindungen. Denn gerade diese letzten sind es, die in Krisenzeiten doppelt, dreifach wichtig werden. Wenn da draußen das Coronavirus Unheil bringend durch die Städte schweift, ist es umso wichtiger für uns Menschen, nicht allein zu sein. Ja, selbst wenn Alleinsein der vielleicht sicherste Virenschutz ist, so ist doch Einsamkeit die wahrscheinlich schlechteste Gemütslage, um all dem zu begegnen, was nun mitten unter uns geschieht.

»Es ist nicht gut, dass der Mensch allein sei«, steht schon im Buche Genesis der Bibel. Und »zwei sind besser als einer allein« ergänzt das Buch des Predigers. Wie wahr dies ist, wird dieser Tage deutlich: Es ist gut, Menschen um sich zu wissen, die einem Mut zusprechen oder einen trösten; Menschen, auf die man sich verlassen kann, wenn einen selbst das Virus trifft und niemand sonst da ist, der nach einem schaut, die Einkäufe erledigt oder, wenn es hart auf hart kommt, einen ins Krankenhaus fahren kann. In Zeiten eine Pandemie ganz allein auf sich gestellt zu sein, ist keine gute Perspektive – ein viel zu hoher Preis, für die vermeintliche Freiheit, die ein ungebundenes Leben trügerisch in Aussicht stellt. Klingt es auch noch so altmodisch: Zeiten wie diese geben zu erkennen, wie wertvoll die Familie ist – oder die Partnerschaft; selbst wenn sie uns zuweilen dazu zwingen, unliebsame Kompromisse zu schließen. Covid-19 legt uns nahe, dass es besser ist, hier und da die eigene »Potenzialentfaltung« einzuschränken und sich auf die Eigenheiten eines anderen Menschen einzulassen als in Krisenzeiten ganz allein auf sich gestellt zu sein; gerade im Alter.

Wir können von Corona lernen, dass es gut ist, sich nach Lebensformen umzusehen, die Gemeinschaft und Solidarität mit anderen zuzulassen: In kleinen sozialen Verbänden lässt sich Quarantäne besser überstehen als allein; vielleicht in künftigen kleinen Senioren-WGs, deren Mitglieder nacheinander schauen und sich wechselseitig unterstützen, sich im Krisenfall jedoch mit ihren Viren auch in einen eigenen Bereich zurückziehen können. Der große Vorteil dabei wäre, dass sich niemand einsam und verlassen fühlen muss. Nicht die schlechteste Aussicht in einer Gesellschaft, in der Alterseinsamkeit zunehmend zum Problem geworden ist.

# 6.

# Digital ist großartig, ersetzt aber nicht analog

Wenn es einen echten Krisengewinner in Corona-Zeiten geben wird, dann dürften dies neben der Desinfektionsmittel- und Schutzkleidungsindustrie diejenigen Unternehmen sein, die im Internet digitale Lernplattformen, Konferenzräume, Virtual-Reality-Spaces oder andere soziale Begegnungsorte anbieten. Und das zu Recht, denn diesen Firmen dürfen wir dankbar sein, dass sie uns im virtuellen Raum mit einem digitalen und vor allem keimfreien Substitut für die physische menschliche Begegnung ausstatten. So kann das soziale Leben weitergehen, ja zuweilen sogar intensiviert werden. Viele Menschen werden infolge dessen in diesen Wochen die Erfahrung machen, dass Videokonferenzen kein Teufelswerk sind und dass man auch mit Webinaren Kenntnisse und Wissen transportieren kann – um nur zwei Beispiele zu nennen.

Angesichts der zu erwartenden Dauer der Corona-Krise ist damit zu rechnen, dass die Menschen sich zunehmend an solche digitalen Räume und Plattformen gewöhnen werden. Aus diesem Grund werden nicht alle in der Nach-Corona-Zeit den Weg zurück in den analogen Raum wählen – was angesichts der ökologischen Vorteile virtueller Begegnungen nicht die schlechteste Nachricht ist. Gleichzeitig aber ist damit zu rechnen, dass die physische, leibhaftige Begegnung von Mensch zu Mensch an Wertigkeit und an Gewicht gewinnen wird. Denn so sehr wir in den kommenden Monaten die Praktikabilität, Keimfreiheit und Kostengünstigkeit digitaler Meetings schätzen lernen werden, so steht nicht minder zu erwarten, dass umgekehrt proportional dazu das Bewusstsein für die unvergleichliche Intensität, Magie und Begeisterungskraft analoger Begegnungen zunimmt. Denn es ist ein altes Grundprinzip des Menschseins: Der unschätzbare Wert des allzu Selbstverständlichen leuchtet uns meistens dann erst ein, wenn seine Selbstverständlichkeit geschwunden ist.

Das also könnte eine unerwartete und eigentümliche Lektion Coronas sein: dass das, was uns in dieser Zeit gefährdet und was gemieden werden soll – das leibliche und physische Beisammensein von Menschen –, mit das Kostbarste und Beste ist, was uns das Leben zu bieten hat; und dass wir deshalb die Wertigkeit des analogen Seins neu zu würdigen lernen sollten. Die Berührung einer Hand, das Schulterklopfen eines Freundes, die Umarmung einer Freundin – all das sind am Ende des Tages doch die kleinen Gesten, die für den

Zauber des Lebens unverzichtbar sind. Auch wenn Leiblichkeit gefährlich ist, kann es ohne sie für uns doch keine wirkliche Erfüllung geben.

# 7.

# Der Markt versagt in Krisenzeiten

Wenn es einen Gott gibt, der durch Covid-19 vom Podest gestoßen wird, dann ist es der Markt – wodurch dann auch erwiesen wäre, dass er in Wahrheit kein Gott war, sondern allenfalls ein Götze: ein mächtiger, gewiss, denn ungeachtet seines Scheiterns huldigt ihm die weltbeherrschende geistige Formation des Liberalismus. Und es steht zu befürchten, dass dessen Anhänger ihm auch künftig huldigen werden. Doch gibt es keinen Anlass mehr dazu. Der Markt hat sich in der Corona-Krise als unfähig erwiesen, die Rolle zu übernehmen, die ihm Liberalisten zuweisen: die Rolle des gesellschaftlichen Regulativs. Hätte man dem Markt allein das Feld des Handelns überlassen, die Ausmaße der Pandemie wären noch gewaltiger als jetzt.

Erinnern wir uns nur an ein paar scheinbar nebensächliche Episoden: den groß angelegten Export medizinischer Schutzkleidung von Deutschland nach China im Januar – ökonomisch schlau, politisch töricht; die Preisexplosion von Atemschutzmasken bei Amazon und Ebay – wirtschaftlich gewitzt, moralisch niederträchtig; die US-amerikanischen Avancen an deutsche Forschungsinstitute, mit teurem Geld Patente für künftige Impfstoffe zu erwerben – dem Marktgesetz konform, der transatlantischen Freundschaft ein Schlag ins Gesicht. Drei Beispiele, die eines deutlich machen: Ein freier und unregulierter Markt, der konsequent der spieltheoretischen Logik und liberalistischen Ideologie folgt, kann Gesellschaften ins Elend stürzen und Millionen Menschenleben in Gefahr bringen. Der Wirtschaftsliberalismus ist eine Schönwetterideologie. In Krisenzeiten versagt er komplett.

Der Grund dafür ist schnell gefunden: Der Liberalismus gründet auf dem flachen Menschenbild des Homo oeconomicus – des rationalen, ökonomischen Agenten, der bei allem, was er tut, nur den eigenen Vorteil sucht. Menschen mögen unter bestimmten Umständen dazu neigen, sich nach Maßgabe des Homo oeconomicus zu entwerfen; etwa dann, wenn sie sich in großer existenzieller Sicherheit wiegen und jedes Bewusstsein dafür verlieren, dass sich ihre gesamte Existenz dem Eingewoben-Sein in ein gesellschaftliches Netz verdankt, das sie trägt und hält. Sie leben dann in einer rauschhaften Trance, die sich von kurzfristigen wirtschaftlichen Erfolgen nährt, aus der es jedoch ein schmerzliches Erwachen gibt, wenn die Sicherheit in Stücke springt. Wenn sich der Abgrund öffnet, den der Homo oeconomicus beharrlich ignorierte, dann fällt der hochgerühmte Markt in sich zusammen wie ein Kartenhaus.

# 8.

# Ein neues ökonomisches Paradigma

Manchmal ist es gut, sich mit dem Denken der Altvorderen zu befassen; zum Beispiel mit Aristoteles, der in seiner Abhandlung zur Politik ein paar Gedanken über die *oikonomia* – das Wirtschaften – vorgetragen hat, die infolge von Corona neue Aktualität gewinnen. Es geht dem Philosophen darin um die Frage, welches Ziel dem Wirtschaften gesetzt ist; oder besser, was der Sinn und Zweck von Wirtschaftsunternehmen ist. Diese Frage scheint aus Sicht des herrschenden, liberalistischen Paradigmas der Wirtschaft eigenartig oder nachgerade absurd. Denn es scheint ja festzustehen, dass das Ziel des Wirtschaftens nur dies sein kann: Wachstum, Profit, Rendite. Alles andere erscheint damit verglichen zweitrangig. Mit gutem Grund, denn die geistige Matrix des Liberalismus lehrt, der Mensch sei ein bedürftiges Wesen, dem es letztlich immer nur um darum gehe, für sich das Optimale herauszuholen.

Ein antiker Mensch wie Aristoteles sah das anders. Vielleicht auch deshalb, weil er ein klareres Bewusstsein dafür hatte, dass Leben systemisch organisiert ist – und dass es deshalb auf eine gute Anbindung an die umfassenden Systeme der Natur und des Gemeinwesens angewiesen ist, um möglichst unbeschadet durch die Zeit zu kommen. Deshalb dient aus seiner Sicht die Wirtschaft einem gänzlich anderen Sinn und Zweck. Das eigentliche Ziel von einem Unternehmen besteht laut Aristoteles nicht darin, grenzenlos Gewinne einzufahren, sondern den eigenen Bestand zu wahren. Sicherheit, und nicht Profit, sei daher das oberste Gebot. Genauer: Ressourcensicherheit bzw. Autarkie. Daran habe ein verantwortungsvoller Ökonom Maß zu nehmen. Denn die Wirtschaft stehe im Dienst des Menschen und habe den Auftrag, ihn mit alledem zu versorgen, was er für sein physisches Dasein benötigt. Deshalb komme alles darauf an, dass sich ein Unternehmen möglich selbst versorgen kann.

Nach Corona sollten wir uns daran erinnern. Denn was für die Pandemie gilt, wird für künftige Klimawandel-Katastrophen nicht minder zutreffen: Es ist nicht gut, wenn sich ein Unternehmen oder ein Gemeinwesen von anderen Wirtschaftsräumen oder Staaten abhängig macht. Lieferketten brechen ein, ohne dass man das Geringste tun könnte, um den Verlust einzudämmen. Wieviel besser wäre es da, alle notwendige Material-, Finanz-, Human- und Energieressourcen aus dem eigenen politischen und ökonomischen Raum zu beziehen und nur das notfalls Verzichtbare von anderswoher einzukaufen.

Damit ist eine, wenn nicht die zentrale Aufgabe der Politik nach Corona umschrieben. Es ist alternativlos: Wir müssen Europa zu einem autarken Wirtschaftsraum entwickeln – zu einem Wirtschaftsraum, der sich in pandemischen, ökologischen oder anderen kollektiven Krisen aus sich selbst heraus versorgen kann. Und wenn die Europäische Union dafür nicht die erforderlichen Ressourcen aufbringen kann, sollte sie tunlichst daran arbeiten, ihren Wirtschaftsraum dorthin auszuweiten, wo Ressourcenreichtum herrscht: etwa nach Russland. Das ist die wirtschafts- und geopolitische Lektion, die Corona uns Europäer lehrt: Um der Anfälligkeit des globalen Marktes zu begegnen sollten wir – auch wenn es noch reichlich utopisch klingt - autarke Wirtschaftsräume definieren: Nordamerika, Südamerika, einen ostasiatischen Verbund, ähnliches in Afrika, Indien etc. Aus hiesiger Sicht aber vor allem ein nach Osten erweitertes Europa. Auf dieser Basis dürfte der Welthandel stabiler und womöglich auch gerechter werden.

Wären wir schon so weit, hätten wir wahrscheinlich schneller den Mut aufgebracht, Einreise- und Importstopps aus China zu erlassen. Wie könnten uns dann auch (was wir ohnehin tun sollten) die norditalienischen Leiharbeiter-Camps sparen, in denen billige Arbeitskräfte aus Fernost bei Nacht und Nebel das Virus nach Europa schleppten. Gerade dieses Beispiel zeigt besonders eindringlich, dass nichts so sehr Not tut wie eine Disruption unseres ökonomischen Denkens: weg vom liberalistischen Dogma der Profitmaximierung, hin zur traditionellen Weisheit eines auf Autarkie angelegten Wirtschaftens, das Wachstum und Sicherheit, Freiheit und Nachhaltigkeit, Funktionalität und Schönheit verbindet.

# 9.

# Mehr Land,
# weniger Stadt

Auf dem Land fühlt man sich in Zeiten der Pandemie wohler als in der Stadt. Umgeben von Feldern und Wäldern kann man freier atmen. Die Dichte der Menschen ist geringer, die soziale Nähe dafür oft größer. Und wer sein Gemüse im eigenen Garten anbaut, muss sich weniger Sorgen um die Grundversorgung machen. Natürlich gibt es auch Nachteile: Medizinische Einrichtungen und Apotheken sind oft weit entfernt; und wenn das Virus erst einmal ins Dorf geschleppt ist, kann es dort schnell um

sich greifen. Doch ein Dorf lässt sich im Ernst-
fall abriegeln – entweder um das Virus nicht
hinein-, oder um es nicht herauszulassen. Das
urbane Leben scheint dagegen viel gefährlicher
und viel fragiler. Sicher, im Normalfall hat es
deutlich mehr zu bieten: Geselligkeit, Gastrono-
mie, Kultur, Freizeitangebote und natürlich Ar-
beitsplätze. Doch wenn all das stillgelegt wird,
büßt die Stadt mit einem Schlag ihre Magie
ein. Sie droht ins Unheimliche umzuschlagen.

Den Menschen der technisch-ökonomischen
Moderne zieht es seit Jahrzehnten in urbane
Ballungsräume. Für eine arbeitsteilige Gesellschaft und konsumgesteuerte Ökonomie ist
die Stadt der passende Lebensraum. Urbane
Zentren generieren eine weit höhere Wert-
schöpfung als der ländliche Raum. Der getreue
Spiegel dessen sind die Unterschiede der Im-
mobilienpreise in der Stadt und auf dem Land,
die seit Jahren rasant auseinanderdriften. Dass
dieses Ungleichgewicht auf Dauer nicht gut ist
und etwas für die Entwicklung des ländlichen
Raums getan werden muss, ist eine Erkenntnis,
die schon vor dem Auftauchen von Covid-19

bekannt war. Nun könnte die Zeit gekommen sein, der Theorie auch Taten folgen zu lassen: Das Land braucht eine neue Würdigung als hochwertiges Habitat – auch dann, wenn keine Pandemie grassiert.

Das ist eine europäische Aufgabe. Es dürfte sinnvoll sein, für die Nach-Corona-Zeit Programme aufzusetzen, die Menschen in ländliche Regionen locken. Gerade für die Älteren könnte dies eine reizvolle Option sein. Warum nicht über neue Dörfer nachdenken, die Menschen jenseits der 65 ein gesundes Umfeld, ein überschaubares soziales Leben und eine solide Infrastruktur zur Verfügung stellen – mit regelmäßigem Shuttle-Service in die nächste Stadt? Das ist nur eine mögliche Vision für ein qualitätvolles und resilientes Landleben der Zukunft. Wir sollten uns keine Denkverbote auferlegen. Neue und nachhaltige Lebensformen könnten das Mittel der Wahl sein, wenn wir gut durchs 21. Jahrhundert kommen wollen. Die vorhandenen Ressourcen dafür couragiert zu nutzen, kann kein Fehler sein. Das Land ist eine solche Ressource.

# 10.

# Es braucht politische Führung

Nein, das ist nicht der Ruf nach einem starken Mann. Es ist nicht eine Avance an Despoten oder Autokraten à la Bolsonaro, Erdogan und Trump. Denn was diese Leute treiben, ist nicht Führung, sondern Diktatur: eine Form der Herrschaft, die ihre Legitimität nicht aus einem freien und öffentlichen Diskurs bzw. dem diskursiven Ringen um gesellschaftlich verantwortliches Handeln speist, sondern aus meist fragwürdigen Wahlergebnissen. In einer recht verstandenen Demokratie hingegen sind es nicht die gelegentlichen Wahlen, die Führung legitimieren – sondern die Fähigkeit des politischen Führungspersonals, verantwortliche Antworten auf die Ansprüche der Zeit zu geben: die Ansprüche der Bürgerinnen und Bürger, die Herausforderungen einer Krise, die Bedrohungen durch ein Virus.

Politische Führung bewährt sich darin, die Zeichen der Zeit zu verstehen und auf sie zu reagieren – mindestens aktiv, besser noch proaktiv. Das gilt nicht nur für Krisenzeiten wie diese, sondern immer. Abwarten und Aussitzen sind keine Zeichen von Führung, sondern von mangelnder Verantwortungsbereitschaft. Bedauerlicherweise hat sich in den üppigen Jahren der letzten Dekade bei vielen Regierenden dieser fragwürdige (Nicht-)Führungsstil eingeschliffen – eine Entwicklung, die die Heraufkunft populistischer Strömungen begünstigt haben dürfte. Man hatte zuweilen den Eindruck, die Regierenden seien in eine Art Dornröschenschlaf gefallen und begnügten sich damit, die Organisation der Gesellschaft den Mechanismen des Marktes zu überlassen. Zu reibungslosen Zeiten funktionierte das tatsächlich, wenn auch mehr schlecht als recht. Jetzt funktioniert es nicht mehr.

Corona ist ein Weckruf an die Politik: Nicht zu Aktionismus im Stil eines US-Präsidenten, dem mal eben die Idee kommt, Schecks an seine Bürger zu verschicken. Eher im Stil europäischer oder föderaler Politik, bei der sich Verantwortliche untereinander abstimmen und diskursiv unterschiedliche Optionen durchdenken müssen. Dass solches geschieht, ist gut. Nicht nur, weil es dem Geist der Demokratie entspricht, sondern weil dadurch die Legitimation der Entscheidungen gesteigert wird. Man folgt bereitwilliger auch harten Anordnungen, wenn man weiß, dass sie sich einem verständniswilligen Diskurs und nicht den einsamen Entscheidungen alter weißer Männer verdanken, die nicht führen können, weil sie hinzuhören verlernt haben.

Wenn die Corona-Krise zu schnellen und couragierten Antworten zwingt, müssen verantwortungsvolle Politikerinnen und Politiker sie geben. Dass viele von ihnen (mehr als erwartet) die Zeichen der Zeit erkannt haben, ist erfreulich. Gut ist auch, dass sie dabei bedächtig vorgehen und darauf achtgeben, wer diejenigen sind, die es nun durch die Krise zu navigieren gilt. Nicht jede Maßnahme ist zu jeder Zeit richtig. Zuweilen muss man wohl dosieren, um Panik oder Wutausbrüche zu vermeiden. Politische Führung ist ein delikates Geschäft, das ein hohes Maß an situativer Intelligenz verlangt. Allgemeingültige Rezepte gibt es nicht. Was in dem einen Land richtig ist, kann in einem anderen Land nach hinten losgehen. Gute Führung weiß darum und hält sich deshalb eng an die Menschen, an die sie sich richtet. Sie bleibt mit ihnen im Gespräch.

Dialogische Führung – *conversational leadership,* wie mein Freund David Whyte es nennt – ist das Gebot der Stunde. Es ist tröstlich zu sehen, dass viele Politikerinnen und Politiker dies begriffen haben und einen vergleichsweise guten Job machen.

# 11.

# Grenzen sind nicht schön, aber unverzichtbar

Woran denken wir, wenn wir an Grenzen denken? Denken wir an Flüchtlinge und Stacheldraht, an Mauern und an Panzersperren? Oder denken wir an die Zartheit der Haut, an die Weichheit einer Aprikosenschale? Auch Haut und Schale sind Grenzen: Grenzen, wie sie die Natur hat wachsen lassen. Es ist gut, sich das für einen Augenblick bewusst zu machen: Jedes Wesen dieser Welt ist in seine

Grenzen gewiesen. Alles, was natürlich wächst, wächst bis zu einer bestimmten Grenze, die den Raum definiert, in dem es hier auf Erden walten darf. Das muss so sein, weil sich das Leben systemisch organisiert und nur in umgrenzten Organismen bestehen kann. Durch Schale oder Haut unterscheiden sich Lebewesen vom Rest der Welt und bilden ein nach außen vor unliebsamer Intervention (z. B. Viren) leidlich geschütztes und gleichzeitig in sich geschlossenes System. Das ist gut so. Grenzenloses Leben ist in der Natur genauso wenig möglich wie grenzenloses Wachstum.

Diese kleine Reflexion auf die belebte Welt sei dem vorausgeschickt, was nunmehr zu bedenken ist: Das Leben ist auch da auf Grenzen angewiesen, wo es sich in sozialen Systemen organisiert – in Partnerschaften, Familien, Unternehmen, Gemeinwesen. So wenig wie lebendige Organismen können auch diese Systeme für alles und jeden jederzeit offenstehen, weil nach Maßgabe ihrer jeweiligen qualitativen und quantitativen Zusammensetzung die Integrationskraft von Systemen begrenzt ist.

Deshalb sind sie um ihres Fortbestehens willen darauf angewiesen, zuweilen dichtmachen zu können, um sich in sich selbst zu sammeln oder zu regenerieren.

Solches zu denken, fällt uns schwer. Zu tief haben sich in unser kollektives Bewusstsein die Schrecknisse von Krieg und Flucht geprägt, die uns auch jetzt erschaudern lassen, wenn wir das menschliche Leid an den Außengrenzen der Europäischen Union sehen. Und daran ist nichts falsch, denn so unerlässlich Grenzen für den inneren Systemzusammenhalt eines Gemeinwesens sind, so sehr ist auch geboten, sie durchlässig und transparent zu halten; und ihr Integrationsvermögen immer neu zu ermitteln. Auch das ist eine Grundlektion des Lebens: Sich abkapseln und alle Brücken abbrechen ist erst recht keine Lösung. Leben ist Stoffwechsel, ist Interaktion, ist Austausch. Leben atmet ein und aus, nimmt auf, gibt ab. Grenzen müssen so beschaffen sein, dass sie flexibel bleiben: abzuwehren und einzuladen – je nachdem, was Not tut.

Im Falle von Corona tut derzeit die Abwehr Not. Nur vorübergehend, wie wir alle hoffen. Ob nach außen oder nach innen: Längere Grenzschließungen der EU würden uns allen schaden. Als vorübergehende Schutzmaßnahme sind sie für die Resilienz der Union hingegen sinnvoll. Auch jetzt noch für Reisefreiheit und grenzenlosen Verkehr zu votieren hieße, eine – zugegebenermaßen sympathische – Idee über die Realitäten des physischen Lebens zu stellen. Das ist moralisch nachvollziehbar, aber nicht weise. Weisheit zeigt sich daran, dass sie das rechte Maß, die rechte Dosis an grenzüberschreitender Interaktion ermittelt. Diese Weisheit beherrschen alle Lebewesen instinktiv; sie auf unsere sozialen Systeme zu applizieren, fällt uns aber oft sehr schwer.

Viele Grenzen sind nun geschlossen. Gewiss wird sich das Virus nicht um sie scheren – seine Wirte aber sind gezwungen, das zu tun. Derzeit ist dies legitim, weil so die lebendigen Systeme unserer Gemeinwesen geschützt werden können. Deshalb sollten wir, auch innerhalb der EU, an Grenzen festhalten: Grenzen, die, solange alles gut geht, offenstehen, die jedoch zur Not geschlossen werden können, wenn dies sowohl der Schutz der nationalen Subsysteme erfordert als auch der Schutz der transnationalen Union im Ganzen. Auch wenn die Metapher schief ist: Grenzen sind so ähnlich wie Notausgänge. Im normalen Leben nerven sie – doch wenn es brennt, ist man dankbar dafür, dass man sie benutzen kann.

# 12.

# Der Multilateralismus ist alternativlos

Auch wenn es gut ist, der Corona-Krise innerhalb nationaler Strukturen zu begegnen, um so den Eigenheiten von Gesellschaften und Kulturen Rechnung zu tragen, ist es doch unerlässlich, dies in enger Abstimmung mit anderen zu tun. Nicht nur mit den unmittelbaren Nachbarn, sondern mit der Weltgemeinschaft im Ganzen. Denn erkennbar ist schon jetzt: Krisen wie die Covid-19-Pandemie kann man nicht im nationalen Alleingang lösen. Für sie braucht es den Wissenstransfer zwischen den Staaten. Diejenigen, die früher betroffen waren, können die Nachzügler warnen – die ihre Erfahrungen wiederum mit den noch gar nicht Betroffenen teilen sollten.

Um diesen Wissenstransfer zu koordinieren und zu organisieren, gibt es eine Weltgesundheitsorganisation (WHO). Deren Generaldirektor Tedros Adhanom Ghebreyesus macht seit Wochen einen guten Job. Er nimmt kein Blatt vor den Mund, verzichtet aber darauf, bestimmte Länder direkt anzugehen. Er klärt auf und koordiniert – und stellt damit eindrucksvoll unter Beweis, wie wichtig und hilfreich die zuletzt so vielfach – vor allem von den USA und manchen europäischen Populisten – gescholtenen Vereinten Nationen für das Miteinander auf Erden sind; gerade in Krisenzeiten. Für alle, die zuletzt glaubten – aus Kostengründen oder Machtkalkülen –, auf die UN und ihre Unterorganisationen verzichten zu können, hält Corona diese Lektion bereit: Ohne Multilateralismus geht es nicht. Zumindest so lange nicht, wie es auf Erden Kriege, Krisen, Katastrophen gibt – also für immer.

Dieses Plädoyer für die Unverzichtbarkeit multilateraler Organisationen und internationaler Zusammenarbeit soll natürlich nicht darüber hinwegsehen, dass auf diesem Feld so manches zu verbessern ist. Deshalb wäre es nicht die schlechteste Lehre aus Corona, ähnlich wie in den Jahren nach 1945 mit Verve daran zu arbeiten, die UN und andere multilaterale Organisationen einem gründlichen Relaunch zu unterziehen: als funktionsfähige und effiziente Gegengewichte zu den sich herauskristallisierenden um sich selbst kreisenden großen Nationalstaaten wie China, USA, Russland oder Brasilien. Selbst deren Potentaten kommen – wenn sie denn nicht ganz vernagelt sind – in Zeiten der Pandemie nicht länger an der Einsicht vorbei, dass es in ihrem eigenen Interesse keine Alternative zur internationalen Kooperation gibt. Allerdings muss zugestanden werden, dass die »XX-first«-Vernagelung inzwischen ein bedenkliches Ausmaß angenommen hat.

# 13.

# Es ist gut, auf die Wissenschaft zu hören

Es gibt da eine Sache, die mich in Staunen versetzt. Ich beobachte Menschen in meinem Umfeld, die Zorneswallungen an den Tag legen, wenn sie Leuten begegnen, die allen wissenschaftlichen Erkenntnissen zum Trotz den Klimawandel leugnen. Und genau diese Personen sprachen bis vor Kurzem im Blick auf die Ausweitung der Corona-Pandemie – allen Prognosen der Virologen und Epidemiologen zum Trotz

– von Hysterie und aufgebauschtem Medienrummel. Es scheint, der Mensch der medialen Moderne neigt dazu, nur denjenigen Wissenschaftlerinnen und Wissenschaftlern Glauben zu schenken, die sagen, was man selbst für richtig hält, sich wünscht oder erhofft – eine Haltung, die gerne mit dem Anfangsverdacht begründet wird, es gebe ja ohnehin keine verlässliche Wahrheit und auch die Wissenschaft sei meist gekauft oder politisch instrumentalisiert.

Ohne zu leugnen, dass ich mit großer Sorge sehe, in welch hohem Maße wissenschaftliche Einrichtungen von Wirtschaftsunternehmen finanziert werden (z. B. an der Berliner TU ein Lehrstuhl für Ethik in der Informationstechnologie von Facebook), bleibt doch festzuhalten, dass wissenschaftliche Erkenntnisse und Einsichten unverzichtbar sind, wenn es darum geht, mit den Herausforderungen der Gegenwart und Zukunft klarzukommen. Es gibt zu denken, dass die Corona-Pandemie ziemlich genau so verläuft, wie von Wissenschaftlern prognostiziert. Das legt zumindest den Verdacht nahe, dass Wissenschaft selbst in Fake-News-

Zeiten noch immer über die Fähigkeit verfügt, zutreffende Sätze über Tatbestände der faktischen Welt auszusprechen und auf deren Grundlage verlässliche Vorhersagen zu treffen. Und wenn es dabei zu unterschiedlichen Aussagen und Sichtweisen kommt, die von der Scientific Community gleichermaßen anerkannt sind, dann ist das ein Indiz dafür, dass wirklich der Wille zur Wahrheit und nicht der Wille zu Macht und Profit am Werke ist. Ganz im Sinne von Karl Popper, der die Falsifikationsfähigkeit wissenschaftlicher Aussagen zu einem Qualitätsmerkmal der Wissenschaftlichkeit erhob.

Unter dieser Voraussetzung ist wissenschaftliche Wahrheit möglich – mehr noch: Wir tun gut daran, nach wissenschaftlich verbürgter Wahrheit zu fragen und bei unserem Handeln Maß an ihr zu nehmen. Jedenfalls zeigt das Vorgehen gegen die Ausweitung von Covid-19, dass es gut ist, wenn Regierende der Expertise der Wissenschaft Gehör schenken. Eine wichtige Lektion daraus ist, genau das auch im Blick auf Klimawandel, Artensterben und $CO_2$-Emissionen zu tun – um nur ein paar Beispiele zu nennen.

# 14.

## Weisheit trägt weiter als Moralität

Corona stellt unser Mindset in Frage: die Weise, wie wir die Welt sehen, die Welt einrichten, die Welt bewerten. Auch unsere Ethik ist tangiert. Bis vor Kurzem taten viele Menschen so, als kennten sie keine höheren Werte denn Reise- und Konsumfreiheit, materiellen Wohlstand oder ökonomischen Profit. Mit einem Schlag hat sich das geändert. Plötzlich haben Sicherheit und Gesundheit die Spitze der Wertepyramide erobert. Und in ihrem Gefolge das, was diese Ziele erreichbar macht: Zusammenhalt, Solidarität, Kooperation. Es ist erstaunlich, wie schnell Werte auf- und abgewertet werden. Von ökonomischen Werten kannte man das ja – aber bei moralischen Werten neigte man dazu, ihnen eine längere Halbwertzeit beizumessen.

Soll damit gesagt sein, dass Corona leistet, was Friedrich Nietzsche eine »Umwertung aller Werte« nannte? Nein, damit soll nur gesagt sein, dass man sich auf Werte nicht verlassen kann. Wert hat das, was Menschen wollen. Ändert sich der Wille des Menschen, ändern sich seine Werte. Wenn im Augenblick alle nur den Wunsch haben, gesund zu bleiben oder das Gesundheitssystem zu stabilisieren, damit ihre Lieben im Krankheitsfall versorgt werden können, dann verlieren andere Werte wie Reise- und Versammlungsfreiheit automatisch ihr Gewicht. Das ist ein normaler Vorgang, der allerdings nicht jedem schmeckt. Denn immer finden sich Moralisten, die umgehend Bedenken vortragen, wenn die Werte, von denen sie meinen, dass andere sie wollen *sollen,* nicht die Wertschätzung erhalten, die sie für diese Werte fordern – die beispielsweise darüber lamentieren, dass die breite Masse ohne Widerstand darauf verzichtet, ihre Freiheitsrechte einzufordern und sich dem öffentlichen Reglement zu widersetzen.

Es ist eine alte Geschichte: Moralisten neigen dazu, die Welt nach Werten zu bemessen, die nicht unbedingt die Werte derer sind, die mehrheitlich die Werte setzen. Wenn sie gleichwohl an ihren – meist schönen und edlen – Werten festhalten, eignet dem etwas Heroisches, was aller Ehren wert ist. Nur, in Krisenzeiten wie diesen hilft kein Heroismus, sondern eher ein ethischer Pragmatismus, der weniger daran Maß nimmt, was wir *wollen* – oder *wollen sollen* –, sondern daran, was ist. Nicht am *Willen* des Menschen, sondern am *Sein* der Welt. Das könnte die Lektion von Corona in Fragen der Ethik sein: nicht, dass wir neue Werte brauchen, sondern dass wir für unser Handeln nach einem anderen, verlässlicheren Maßstab Ausschau halten. Nennen wir ihn probeweise das *Leben* oder die *Natur*.

Das Leben folgt einigen einfachen aber fundamentalen Grundprinzipien. Es organsiert sich in Systemen, die ihrerseits darauf ausgelegt sind, mit sich selbst und ihrem ökologischen Ambiente in einem stimmigen, wohlaustarierten Gleichgewicht zu sein – ein Zustand, den die alten Griechen *harmonía* nannten und den sämtliche indigenen Völker ebenso wie die traditionellen Gesellschaften Asiens als Maß aller Dinge kannten und würdigten. Harmonie bedeutet dabei nicht eintönige Uniformität oder spannungsloses Nebeneinander. Harmonie ist ein Zustand lebendiger Hochspannung, in dem vielerlei Unterschiedliches so miteinander interagiert, dass es sich in ein stimmiges Ganzes fügt. Diesem Grundprinzip des Lebens auch in den Belangen der menschlichen Welt zu folgen, ist nach griechischem Verständnis eine Tugend – nicht irgendeine Tugend, sondern *die* Tugend, die auszuüben die Meisterschaft des menschlichen Lebens ist. Die Griechen nannten sie *sophía* – Weisheit.

Weisheit ist die Qualität des Handelns, die gefragt ist, wenn die Werte sich verflüchtigen.

Weisheit nämlich nimmt nicht daran Maß, was Menschen wollen – bzw. wovon Menschen behaupten, dass andere es *wollen sollen*. Sie leitet sich her von dem einfachen Grundprinzip des Lebens, das wissenschaftlich bestätigt ist und von jedermann erfahren werden kann: Gut ist alles, was dem lebendigen Gleichgewicht des Lebens dient – der Gesundheit des Leibes ebenso wie der Gesundheit unserer sozialen und ökologischen Systeme.

Wir brauchen jetzt keine langen ethischen Debatten darüber zu führen, welcher Ethik wir den Vorzug geben wollen. Die Frage ist längst entschieden. Im Umgang mit Corona ringen wir um weise Lösungen: Lösungen, die den Zusammenbruch unserer politischen, sozialen und ökonomischen Systeme verhindern sollen. Vielerorts scheint sich die Erkenntnis durchgesetzt zu haben, dass es jetzt allem voran darum gehen muss, die aus dem Gleichgewicht geratene Welt wieder ins rechte Lot zu bringen. Das aber wird durch moralische Imperative und Werte nicht gelingen, sondern nur durch ein weises Handeln, das bedächtig, vorsichtig und achtsam die faktischen Menschen und ihre Einrichtungen in ein neues gesellschaftliches Gefüge einstimmt.

# 15.

## Wir brauchen eine neue Religion

Was können wir einer Pandemie entgegen-
setzen? – Unsere Ökonomie? Nein, die geht
selbst in die Knie. – Unsere digitale, intelligen-
te Informationstechnologie, die uns zuletzt
Unsterblichkeit in Aussicht stellte? Offenbar
nicht, um sie ist es seit dem Ausbruch von Corona plötzlich still geworden; auch ist sie
nicht da, wo man sie gern gesehen hätte: in der
ersten Reihe der medizinischen Versorgung. –
Dann bleibt wohl nur die Wissenschaft? Ja,
aber die Wissenschaft braucht eine Weile, bis

mit ihrer Hilfe Impfstoffe und Medikamente entwickelt werden können. Und bis dahin?

In früheren Zeiten hätten sich die Menschen aller Völker und Kulturen in einer solchen Situation in die Arme ihrer Religion geworfen. Bitt- und Bußprozessionen wären durch die Städte gezogen, Gottesdienste hätten allenthalben Gläubige versammelt. Diese Zeiten aber sind vorbei. Die Gotteshäuser stehen leer – man vertraut eher auf die Warnungen der Wissenschaftler als auf das rettende Eingreifen Gottes. Selbst wenn es kein Versammlungsverbot gäbe, würden die Kirchen wohl eher nicht überquellen. Wer es bislang noch nicht wahrhaben wollte, findet hier den eindrucksvollen Nachweis dafür, wie Recht Friedrich Nietzsche hatte, als er vor 140 Jahren notierte: »Gott ist tot. Und wir haben ihn getötet.« Vielleicht sind wir hier bei dem historischen Alleinstellungsmerkmal der Corona-Pandemie. Es ist nicht nur die erste globale Seuche, sondern auch die erste Seuche in der Zeit nach dem Tode Gottes. Und da liegen Problem und Chance.

Das Problem besteht darin, dass mit der angestammten Religion dem Menschen der Moderne die Möglichkeit verloren gegangen ist, eine geistige Handhabe für den Umgang mit der Pandemie zu finden: ein geistiges Instrumentarium, das ihm erlaubte, irgendeinen Sinn in dem zu finden, was gerade geschieht. Ohne dieses Instrumentarium droht die Gefahr, ob der Wucht der Seuche zu verzweifeln, weil all das, mit dessen Hilfe man bislang das Sinnvakuum kaschieren konnte – Entertainment, Konsum etc. –, porös wird; und weil man dann nichts mehr entdecken kann, woraus Trost, Ermutigung und Energie wachsen könnten. Gerade in Krisenzeiten brauchen wir geistige Nahrung, an der wir uns begeistern können: Sinnperspektiven, Visionen, gute Gedanken, die uns motivieren durchzuhalten und nach vorne zu schauen.

Damit kommen wir zur Chance, die infolge von Corona erkennbar wird: »Nah ist und schwer zu fassen der Gott. Wo aber Gefahr ist, wächst das Rettende auch«. So schrieb es der just vor 250 Jahren (am 20. März 1770) geborene Dichter Friedrich Hölderlin. Der rettende »Gott«, von dem er schreibt, ist »schwer zu fassen«. Wir kennen seinen Namen nicht. Nur so viel ist gewiss, dass er ganz anders sein wird als all die alten Götter, deren Häuser nunmehr leer stehen. Vielleicht ist er auch gar kein Gott, sondern vielmehr ein göttlicher Geist, der uns zu einem Neuanfang begeistern kann. So wie es in der Menschheitsgeschichte immer schon Neuanfänge gab, bei denen plötzlich, wie aus dem Nichts, ein bis dato unbekannter Geist zu wehen begann, die Menschen ergriff und sie dazu bewegte, neue Wege einzuschlagen. Oft war damit – wie etwa in der europäischen Renaissance – eine außerordentliche kulturelle Blüte verbunden. Meistens fanden die vom Geist bewegten Menschen auf eine neue Weise zusammen und rückten enger aneinander.

Könnte es sein, dass eben dafür die Zeit gekommen ist: für eine neue Religion? Nicht im Sinne der alten Religionen, sondern im ursprünglichen Sinne des lateinischen Wortes *religio,* das (vermutlich) vom Verbum *religare*

(= rückbinden) abstammt: eine neue Rückbindung an das lebendige Sein dieser Welt – an die Natur, die wir so lange Zeit missachtet haben; an das Leben, dessen Wert und Wunder uns nun wieder sonnenhell vor Augen stehen; aneinander, da wir dieser Tage begreifen müssen, dass Menschsein nur gemeinschaftlich gelingen kann; eine Rückbindung an den lebendigen *Geist der Lebendigkeit.*

Vielleicht ist dies am Ende die wichtigste und dringlichste Lektion, die uns Corona lehrt: Wir brauchen eine neue *religio* an das Sein dieser Welt – eine Hinwendung zur lebendigen Natur, die uns einlädt, deren Heiligkeit zu erkennen und unsere Zugehörigkeit zu ihr zu begreifen. Es geht nicht um neue Dogmen, Gebote, Kulte oder Kultgemeinschaften. Es geht einfach nur darum, uns wieder einzulassen auf die Welt, in der wir leben: mit ihren unermesslichen Freuden und ihren beängstigenden Schrecken, mit ihrer Schönheit und ihrer Tragik.

Corona lehrt, dass nichts für unseren Fortbestand so gefährlich ist, wie die völlige Bindungslosigkeit und Ignoranz von Menschen, die glauben, nichts und niemand gehe sie etwas an; die sich über alles stellen, was um sie herum geschieht. In nichts anderem manifestiert sich der »Tod Gottes« mehr als in dieser Haltung des »Betrifft mich nicht«. Die neue Religion, die uns nicht *aus*, aber *in* dieser Krise retten kann, ist die Hinwendung zu Mensch und Welt: ein begeistertes *Ja zum Leben*. In seiner reifsten Form ist das nichts anderes als Liebe – eine Liebe, die so groß ist, dass sogar der Tod vor ihr verblasst.

# Zum Schluss:

## Friedrich Hölderlin:
## Ermunterung
## (2. Fassung)

*Echo des Himmels! heiliges Herz! warum,*
*Warum verstummst du unter den Lebenden,*
*Schläfst, freies! von den Götterlosen*
*Ewig hinab in die Nacht verwiesen?*

*Wacht denn, wie vormals, nimmer des Aethers Licht?*
*Und blüht die alte Mutter, die Erde nicht?*
*Und übt der Geist nicht da und dort, nicht*
*Lächelnd die Liebe das Recht noch immer?*

*Nur du nicht mehr! doch mahnen die Himmlischen,*
*Und stillebildend weht, wie ein kahl Gefild,*
*Der Othem der Natur dich an, der*
*Alleserheiternde, seelenvolle.*

*O Hoffnung! bald, bald singen die Haine nicht*
*Des Lebens Lob allein, denn es ist die Zeit,*
*Daß aus der Menschen Munde sie, die*
*Schönere Seele, sich neuverkündet,*

*Dann liebender im Bunde mit Sterblichen*
*Das Element sich bildet, und dann erst reich,*
*Bei frommer Kinder Dank, der Erde*
*Brust, die unendliche, sich entfaltet*

*Und unsre Tage wieder, wie Blumen, sind,*
*Wo sie, des Himmels Sonne, sich ausgeteilt*
*Im stillen Wechsel sieht und wieder*
*Froh in den Frohen das Licht sich findet,*

*Und er, der sprachlos waltet und unbekannt*
*Zukünftiges bereitet, der Gott, der Geist*
*Im Menschenwort, am schönen Tage*
*Kommenden Jahres, wie einst, sich ausspricht.*

# Impressum

**Neustart. 15 Lehren aus der Corona-Krise**

**Autor:** Dr. phil. Christoph Quarch, *www.christophquarch.de*

**Lektorat:** Stefanie Häb

**Buchgestaltung:** Björn Pollmeyer, *www.coscreen.net*

Handwerklich gedruckt und gebunden
im Druckhaus Schneider in Daun

**Druckhaus Schneider**
Buchdruckkunst seit 1864

Gedruckt auf 100 % Recycling Papier

ISBN 978-3-948206-04-8
*www.legenda-Q.de*